觀 空 册

odos

책 쓰는 空冊

지음

서문

1.

후배 아버님이 돌아가셨다. 평생 택시운전사로 살아오셨던 분이었다. 장례식을 치르고
유품을 정리하던 중 후배는 아버님의 오래된 수첩 묶음을 발견했다. 서추 포켓에 들어갈 정
도로 작은 수첩들이었다. 후배는 묶음을 풀어 그 낡은 수첩들을 펼쳐 읽기 시작했다. 거기
에는 운전사로 살아온 아버님의 일생이 적혀있었다. 복잡한 것은 아니었다. 날짜와 손님을
태운 장소와 내려준 장소, 그리고 택시비가 전부였다. 아버님은 택시운전을 시작하는 날부
터 나이가 들어 택시운전을 끝내는 날까지 하루도 빼짐없이 그것을 기록하셨다. 후배는 메
모에 가까운 그 수첩을 읽다가 가슴이 먹먹해졌고, 어느새 눈물이 흘러내렸고, 드디어 통곡
했다.

수첩에 빼곡히 적힌 메모가 아니었다면 몰랐을 아버지의 일생이 그렇게 아들에게 전담
되었다. 그 작디작은 수첩에 아버지의 삶의 무게가 고스란히 담겨있었다. 그렇게 뻗어들인
수입으로 가족이 살아온 것이다. 후배가 태어난 날에도, 후배가 결혼하여 자식을 낳은 날에

도 아버지는 운전대를 잡고 있었다. 아버지의 평생의 여정이 그렇게 기록될 것이다. 후배는 지금도 삶이 힘들 때면 아버지가 남긴 수첩을 꺼내 읽는다고 했다.

2.

조선시대 양반집에서는 자식이 장성하여 혼인하면, 부모는 종이를 묶어 공책을 만들고, 자식에게 전해주고는 이야기들을 옮겨 적어왔다고 한다. 유학 경전 중에서 좋은 구절을 가려 뽑아 적기도 하고, 때로 부모의 절절한 심정이나 충고를 적어넣기도 했다. 그렇게 공책은 한 글자 한 글자 정성을 들여 채워졌다. 때로는 예쁘게 채색된 그림이 삽입되기도 했다. 책의 표지는 곱게 비단으로 감싸기도 했는데, 부모의 웃음 절라 마감한 것도 있었다. 자식이 손주라도 낳으면 다시 공책을 만들고, 친자문을 써서 보내기도 했다. 모두 어버이의 손때가 묻은 책들이었다.

가슴이 뭉클해지는 사례도 있다. 정약용이 유배지에서 자식들에게 보낸 편지책이다. 정

악옹의 부인은 결혼 30주년을 맞아 그리움이 가득 담긴 절절한 시와 함께 혼인 때 입었던 다홍치마를 남편이 유배지인 전남 강진으로 보내왔다. 정약용이 유배생활을 한 지 7년이 되던 해였다. 정약용은 아내가 보내온 다홍치마를 재단하여 두 아들에게 보내는 편지처럼 만들어 보냈다. 〈하피첩(霞帔帖)〉이라 이름지었다. 다홍치마를 뜻하는 '하피'에 책을 뜻하는 '첩'이 합쳐진 말이다. 2년 뒤에 혼인하게 된 외동딸에게는 남은 치마폭에 매조도를 그려보냈다. 행복한 혼인생활을 기원하는 그림이었다. 그 책과 그림을 받아든 이들과 딸의 심정은 어땠을까?

3.

청각이 아니어도 좋다. 기록만으로도 충분히 마음은 전달된다. 이사 가기 위해 짐을 정리하던 중 어린 시절에 썼던 그림일기를 발견했다면, 필경 이삿짐 정리를 잠시 그만 두고 자신의 천진했던 과거와 대면하는 시간을 가질 것이다. 웃음이 절로 나오는 그림과 삐뚤삐

똑한 글자를 보면서 과거로의 여행을 떠나지 않을까? 어린 시절의 자신과 지금의 자신을 비교하며, 훌쩍 변해버린 지금의 모습에 생경해 잠길 것이다. 그보다 나이가 들어 학창시절에 썼던 노트를 봐도 비슷한 체험을 하게 된다. 그때는 마지못해, 또는 의무감으로 썼던 공책들이 새롭게 보인다. 어린 시절 자신의 모습이 보인다. 그 시절의 추억이 떠오른다. 이처럼 기록은 단순히 글자를 모아놓은 것이 아니다. 기록에는 마음이 담겨 있다. 기록에는 힘이 있다.

4.

작가들도 작품을 쓸 때 임팔휘지로 머리에서 손으로 글을 쓰는 것이 아니다. 갑자기 떠오른 아이디어를 고적어놓은 메모나, 기억에 남기려고 기록해두었던 글들이나, 오랫동안 모으고 숙성시켰던 생각들을 적어놓은 공책이나 메모장을 이용하여, 다시 글을 구성하고, 구성하여 글로 쓰게 된다. 책을 쓰는 일 또한 마찬가지. 책을 쓰기 위한 글감들을 모아놓은

공책이 그의 곁에 있을 것이다. 세계적인 소설 《페스트》를 쓴 카뮈도 소설을 구성하면서 소

설의 배경이 되는 장소를 찾아가기도 하고, 인물 군상의 모습들을 기록하고, 자신의

생각을 정리한 《작가수첩》을 여러 권 가지고 있었다. 그렇게 기록된 글들이 작품 곳곳에 녹

아들어 위대한 작품이 탄생한 것이다. 어디 카뮈만이랴.

작가 중에 많은 사람이 자신이 쓴 편지나 일기로 책을 내는 경우도 있고, 《작가수첩》을

별도로 만들어 나중에 작품이 될 내용을 자유롭게 기록하기도 하였다. 그렇게 모이고 쌓인

글이 많을수록 글쓰기 근육은 키워졌을 것이다. 일상생활의 기록이 되었든, 떠오르는 아이

디어를 메모하든, 읽은 책에서 남김만한 구절을 인용하여 적어놓은 것이든, 또는 분출하는

창작열을 불사르는 것이든 작가는 자신만의 공책을 마련하여 활용하였다.

5.

이 《책 쓰는 공책》은 여러분이 그러한 활동을 하는데 도움이 되었으면 좋겠다는 마음의

로 만들었다. 상단에 원고지를 배치한 것은 원고지 쓰기의 맛을 느껴보라고 디자인한 것이

다. 해보면 알게 되지만, 자판을 두드려 모니터에 글을 쓰는 것과 그냥 공책에 글을 쓰는 것

과는 다른 느낌을 가질 수 있을 것이다. 그냥 네모난 칸으로 구획을 나눴을 뿐인데, 거기에

한 글자 한 글자 또박또박 글을 쓰다보면, 생각이 길어지고 글쓰기가 신중해지기도 한다.

그래서 어떤 작가는 컴퓨터를 능숙하게 다룰 줄 아는데도, 원고지에 글쓰기를 고집하는 경

우가 있다. 그 질감과 정서를 즐기는 것이다.

하단을 빈칸으로 만들어놓은 이유는, 자유롭게 그 공간을 채웠으면 좋겠다는 바람이다.

메모를 해도 되고, 그림을 그려도 되고, 원고지에 써놓은 글을 보충하거나, 자신의 생각을

삽입해도 된다. 또는 떠오르는 질문을 적어 넣어도 된다.

세상에는 다양한 크기의 여러 공책들이 있지만, 이번에 〈책 쓰는 공책〉을 새로 만들어

내놓는 이유는, 그동안 다양한 공책을 써봤느데 한손에 쏙 들어오는 괜찮은 작가수업용 공

책 한 권 정도 있었으면 좋겠다는 오래된 바람을 담은 것이다. 바라기는 이 〈책 쓰는 공책〉을 채워가며 작가군육을 키우고, 생각도 넓고 깊어지며, 다양한 상상력도 실험되었으면 좋겠다. 그래서 이 한 권의 공책이 채워질 때마다 작가가 되는 초석이 되고, 징검다리가 되고, 지도가 되고, 보물이 되면 더없이 즐거울 것이다.

6.

나는 이 공책에 기록하면서, 이 공책의 디자인을 그대로 책의 디자인으로 활용할 수 있는 책도 만들어보고 싶다. 원고지의 글과 빈칸의 그림, 또는 원고지의 글과 빈칸의 글이 조화를 이루면서 읽기에도 편하고, 다양한 맛을 느낄 수 있는 책을 상상해보기도 한다. 또는 작가의 개성이 살아있는 아날로그적 글씨체와 편안한 디자인으로 가독성을 높인 디지털적 서체의 조화를 이루는 책을 상상하기도 한다.

가령, 이런 글쓰기는 어떤가?

안녕하세요.

제 이름은 ○○○입니다.

만나서 반갑습니다.

사람들은 묻습니다. 작가란 무엇입니까? 나는 말합니다. 글을 쓰는 사람이 작가입니다. 글을 쓰는 사람을 작가라고 정말임니까? 그렇습니다. 지금 글을 쓰고 있는 사람이 작가입니다. 작가는 영어로 '라이터(Writer)'입니다. 말 그대로 '글을 쓰는 사람'입니다. 한자로는 '作家'입니다. 지을 작(作), 사람 가(家). 이 또한 말 그대로입니다. 나는 이 정의보다 명확하고 아름다운 정의는 없다고 생각합니다. 한때 작가였던 사람이 있습니다. 작가로 명성을 날렸던 사람도 있습니다. 그러한 사람이라 할지라도 지금 글을 쓰고 있지 않다면 그는 '작가'가 아닙니다. 작가라는 이름은 항상 현재진행형임니다.

'내가 왕년에는'이란 말 속에는 현재의 궁핍함이 도사리고 있습니다. 과거를 팔아 살아가는 사람을 살아있는 사람이라 할 수 없습니다. 모습은 부지되고 있지만, 삶의 의미는 없습니다. 물론 작가만이 삶의 의미가 있다고 말하는 것은 아닙니다. 자신의 삶에 충실할 때, 모든 삶은 빛나고 의미가 있습니다. 농민은 농사를 지을 때 빛납니다. 교사는 가르칠 때 삶의 의미가 있습니다. 이와 마찬가지로 작가는 글을 쓸 때 빛나고 의미있습니다.

7.

이 공책을 구성하면서 다양한 활용이 가능하겠구나 생각한다. 아래는 그러한 생각을 정

리해본 것이다.

〈기록과 생각 노트〉

① 삶을 기록한다면 훌륭한 일기장이 될 것이다. 원고지 아래 빈칸을 그림으로 채우고

위의 원고지에 그 그림에 대한 기록을 남긴다면 훌륭한 그림일기장이 될 수도 있다.

(아이들만 그림일기를 쓴다는 고정관념은 버리자.)

② 여행을 가거나 일상에서 만난 사물들을 배경으로 그림을 그리고, 그에 대한 정보나

단상을 담는다면 그 또한 좋은 여행북이나 짧막한 에세이집이 될 것이다. 그리기 귀

찮다면 복사해 붙이고, 그에 대해 기록해놓을 수도 있다.

③ 종교를 가지고 있다면 경전을 짤막하게 원고지에 인용하고, 아래 그에 대한 명상을 담을 수도 있다. 그렇게 멋진 명상록이 만들어질 수도 있다.

④ 책을 좋아하는 사람이라면, 책의 인용구를 원고지에 써보고 그에 대한 자신의 생각을 아래에 담을 수도 있다. 훌륭한 독서노트가 될 것이다.

⑤ 주제가 있는 명언을 기록할 수도 있고, 떠오르는 생각의 씨앗을 빈공간에 뿌릴 수도 있다. 공간을 다 채울 필요는 없다. 우선 원고지에 기록하거나 뿌려놓고, 나중에 빈공간에 그에 대한 생각을 추가로 적어넣어도 된다.

〈작가 훈련 노트〉

⑥ 이 공책을 작가 훈련 노트로 활용할 수 있다. 적어도 하루에 원고지 200자라도 써보

는 훈련을 하는 것이다. 빈칸에 떠오르는 글을 짧게 써보고, 문장과 표현들을 다듬은 후, 원고지에 정서하는 방법으로 활용할 수도 있다. 이런 연습을 한다면 처음 썼던 표현과 나중에 다듬어 정서한 내용을 비교함으로써 문장강화력을 기울 수 있다.

⑦ 자신이 닮고 싶은 작가의 글을 원고지에 써보고, 그 작가의 문체를 이용하여 새로운 상황 속에서 자신의 문장을 만들어보는 훈련을 할 수도 있다. 김승옥의 단편소설 〈무진기행〉을 여러 번 필사하는 것으로 문장훈련을 했다는 작가들도 있는데, 그냥 필사만 하는 것과 필사한 내용을 응용하여 새로운 문장을 만들어보는 것은 후자가 훨씬 효과적이다. '따라하기(필사)'와 '흉내내기(모방)'은 다르다. "모방은 창조의 어머니"라는 말도 있으니까.

〈작가 창작 노트〉

⑧ 작품을 쓰기 위한 기초노트로 활용할 수도 있다. 위에서 카뮈의 사례를 들었는데, 그처럼 자신이 쓰고자하는 작품의 구상, 구체적 표현을 기록하는 창작 노트로 활용할 수도 있다.

8.

이 공책을 소모임에 활용하는 것도 좋은 방법이다. 이 공책을 쓰는 예비작가들의 모임을 만들어 서로 자신이 세놓은 글들을 나눠 읽어보고, 서로의 이야기를 나눌 수 있다면 그보다 더 좋은 활용방법은 없을 것이다.

혼자서 글을 쓰는 일은 외롭고 힘든 일이나, 작가의 길을 걸어가고자는 사람들이 한곳에 모여 같이 공유하고, 서로 용기를 주었으면 좋겠다. 책 읽기 모임이 〈독서노트〉로 활용하기나, 글쓰기 모임에서 〈창작노트〉로 활용하면서 함께 이 공책을 채워나간다면 긴장감도 있고, 최소한의 성실성만도 갖출 수 있을 것이다. 나 역시 내가 운영하는 책 쓰기 모임에 이 공책을 적극적으로 활용해볼 심산이다.

이 《책 쓰는 공책》을 어떻게 활용하든 그것은 전적으로 이 공책을 손에 쥔 여러분의 몫이다. 바람은 이 공책을 활용하면서 여러분이 작가가 되는 길로 한 발짝 더 전진하는 계기가 되었으면 좋겠다. 기록의 힘을 믿어라. 자신의 삶에서 영감을 찾아라. 자기 주변을 소중히 하라. 읽고, 옮기고, 명상하라. 돌아다니라. 그리고, 찍고, 남기라. 쓰고, 고치고, 발전시켜라. 생각의 씨앗을 뿌려라. 그 씨앗에게 양분을 주라. 좋아하는 작가를 찾아 모방하라. 더 나아지게 만들라. 성실한 마음과 몸으로 매일 쓰라. 여러분에게 용기를 붙어넣기 위해, 갈 럼 매캔이 쓴 《젊은 작가에게 보내는 편지》의 한 구절을 인용한다.

"백지를 앞에 두고 대담해져라.

다른 이들이 조롱하던 것을 남부럽지 않은 것으로 탈바꿈시켜라.

절망을 뛰어넘어 글을 쓰라.

현실로부터 정의를 실현하라.

노래하라."

내가 쓰고자 하는 책의 목적을 구체적으로 기록해보자)

내가 쓰려는 책의 제목

1

독자 상상하기

(내가 쓰고자 하는 책의 독자를 구체적으로 기록해보자)

3

문 생 트 정 하 기

(책 전체를 관통하는 관점이나 정신을 한 문장으로 기록해보자)

4

목차 구성하기

(책의 분량과 구성을 구체적으로 기록해보자)

5

재 료 및 방 법 다 듬 기

(목차에 따라 쓸 글감을 모으고 정리해보자)

제목

지은이

9. _____ p. ⋮

10. _____ p. ⋮

11. _____ p. ⋮

12. _____ p. ⋮

13. _____ p. ⋮

14. _____ p. ⋮

15. _____ p. ⋮

16. _____ p. ⋮

17. _____ p. ⋮

제목

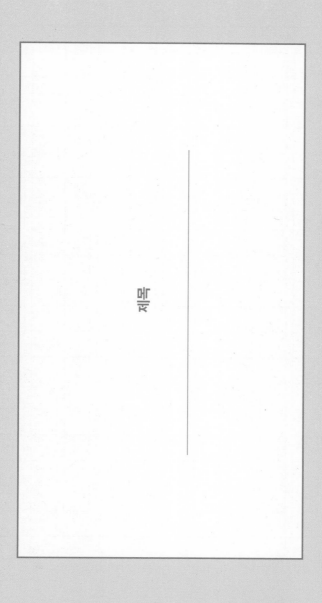

제목

154

156

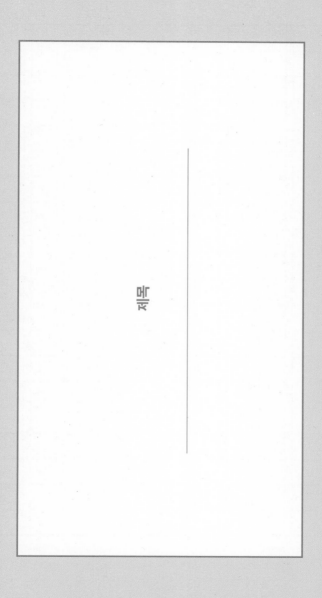

제목

에필로그

책 쓰는 공책 독서, 일기, 메모 등을 나만의 책 한 권으로 만드는 연습

초판 1쇄 인쇄 2020년 11월 9일
초판 1쇄 발행 2020년 11월 23일

지은이 · 김경윤

펴낸이 · 최현선
디자인 · 秋design 김희림
제 작 · 제이오

펴낸곳 · 오도스 | 출판등록 · 2019년 7월 5일 (제2019-000015호)
주 소 · 경기도 시흥시 배곧4로 32-28, 206호(그랜드프라자)
전 화 · 070-7818-4108 | 팩스 · 031-624-3108
이메일 · odospub@daum.net

Copyright ⓒ 2020, 김경윤
저작권자와의 협의에 따라 인지는 생략했습니다.
이 책은 저작이와 오도스의 독점계약에 의해 출간되었으므로 무단전재와 무단복제를 금합니다.
· 책값은 뒤표지에 있습니다. .
· 파본은 구입하신 서점에서 교환해드립니다.

ISBN 979-11-968529-5-5(03190)

odos 지성을 살리는 책의 길, 오도스